GIACOMO DE CARLO

AFFITTARE IMMOBILI

Trucchi per Affittare Immobili in Modo Redditizio e Ottimizzare il Tuo Capitale di Partenza

Titolo

"AFFITTARE IMMOBILI"

Autore

Giacomo De Carlo

Editore

Bruno Editore

Sito internet

http://www.brunoeditore.it

Sommario

Introduzione

Affittare immobili è probabilmente la pratica immobiliare più diffusa al mondo.

Conoscerne le regole e i segreti risulta quindi fondamentale, anche perché non tutti sanno che gli affitti possono diventare una vera e propria attività, tanto che è possibile creare un vero e proprio stipendio mensile composto dalle entrate derivanti dagli affitti.

Questo ebook ti svelerà, quindi, come affittare correttamente qualsiasi tipo di immobile, spaziando dagli aspetti legali a quelli prettamente legati all'investimento immobiliare.

Infatti, se è vero che l'aspetto dell'investimento è importante, è altrettanto vero che anche quello legale lo è, in quanto fare le cose per bene, fin dall'inizio dell'affitto, tutela te e il tuo immobile, non lasciando nulla al caso.

L'ebook ti insegnerà come gestire correttamente un affitto dall'inizio alla fine, svelandoti anche tutti i trucchi e i segreti "del mestiere" per affittare nel modo giusto qualsiasi immobile in maniera veloce e redditizia.

Inoltre, ti svelerà come guadagnare con gli affitti anche senza acquistare un immobile.

Infine, l'ebook ti rivelerà la modalità per crearti un vero e proprio stipendio mensile automatico grazie agli affitti ma, soprattutto, come guadagnare in modo semplice e automatico ben 200.000 euro!

Buona lettura.

CAPITOLO 1:

Come guadagnare dalle rendite di immobili

Da quando ho iniziato il mio percorso da immobiliarista, ho acquistato e affittato numerosi immobili di mia proprietà ottenendo sempre dei grandi ritorni sull'investimento.

Ciò mi ha consentito, e mi consente, ogni mese di guadagnare ma, soprattutto, di apprendere e migliorare sempre di più il rapporto proprietario-inquilino, che è fondamentale per un buon rapporto di affitto. Attualmente vanto diverse entrate derivanti dai miei affitti e ottimi rapporti con i miei inquilini. Anche per questo motivo gli affitti immobiliari continuano a essere il mio modo preferito per guadagnare in immobili.

Ma cosa significa affittare? Significa concedere un immobile per un determinato periodo di tempo e, in cambio, percepire periodicamente un determinato corrispettivo in denaro.

Iniziamo subito con il puntualizzare meglio i termini dell'affitto in modo che anche tu possa conoscerli e iniziare a entrare in questo fantastico mondo.

L'affitto viene anche definito *locazione*, il proprietario *locatore* e l'inquilino *conduttore* o *locatario*. Questi sono anche i termini che normalmente trovi in un qualsiasi contratto di affitto, che viene anche chiamato *contratto di locazione*.

Quindi il locatore, tramite un contratto di locazione, affitta il suo immobile al conduttore, molto semplice.

SEGRETO n. 1: negli affiti di immobili l'affitto viene definito locazione, il proprietario locatore e l'inquilino conduttore o locatario.

Gli affitti sono un ottimo modo per guadagnare in immobili. Più in generale, esistono fondamentalmente due modi per guadagnare in immobili: o guadagnare tramite *capital gain*, o guadagnare tramite *passive income*.

Capital gain significa "guadagno di capitale" e consiste nel guadagnare realizzando un profitto. L'esempio più classico di *capital gain* è quando compri un immobile e lo rivendi a un prezzo maggiore, realizzando quindi una plusvalenza, ovvero un guadagno di capitale.

Passive income, invece, significa "entrata automatica" e consiste nel guadagnare realizzando una rendita. L'esempio più classico di *passive income* è quando compri un immobile e lo affitti, realizzando quindi un'entrata automatica.

Dunque, un'entrata automatica è un qualcosa che, una volta impostata, ti fa entrare periodicamente dei soldi senza che tu debba dedicarci il tuo tempo.

SEGRETO n. 2: gli affitti sono un ottimo modo per guadagnare in immobili; più in generale, esistono fondamentalmente due modi per guadagnare in immobili: o guadagni tramite *capital gain*, o guadagni tramite *passive income*.

Gli affitti, quindi, come appena detto, sono una vera e propria entrata automatica perché, una volta che affitti il tuo immobile, ti entrano dei soldi ogni mese senza che tu debba fare nulla.

Ma c'è di più. Per molti, me compreso, gli affitti sono il "top" delle entrate automatiche, perché rappresentano un ottimo modo di investire, se consideriamo il rapporto rischio/rendimento.

Pensa, infatti, che grazie agli affitti puoi arrivare a ottenere in maniera sicura un rendimento annuo del 10%. Non male, vero? Se pensi che conti correnti, conti deposito, azioni e obbligazioni rendono tra lo 0% e il 5% annuo, la differenza mi sembra evidente, anche considerando il fatto che nel caso dell'affitto sei proprietario di un immobile, che è un qualcosa di solido e che si rivaluta nel tempo.

Ma non è solo l'immobile che si rivaluta nel tempo. Infatti, ogni anno il canone di affitto si rivaluta automaticamente come da contratto, ovvero aumenta, quindi l'inflazione è ampiamente coperta e le tue entrate sono destinate a crescere sempre più anno dopo anno.

Capisci ora perché gli affitti rappresentano un ottimo investimento? Chiaramente bisogna saper scegliere l'immobile "giusto", ovvero quello che si affitta facilmente e, per di più, rende molto. Ma non è difficile imparare ciò, così come non è difficile affittare.

Bene, leggendo l'ebook imparerai tutto questo. Imparerai inoltre anche a raggiungere gli obiettivi che ti prefiggerai e che ti porteranno ad affittare in breve tempo, in modo che tu possa crearti una comoda rendita mensile.

Questo sarà solo il primo passo verso altre rendite e altri immobili. Con i soldi guadagnati dagli affitti potrai acquistare nel tempo altri immobili da affittare e così via.

Vedrai quanto sarà gratificante vedere che ogni mese nel tuo conto ti sono appena arrivati dei soldi da soli, automaticamente: sono i soldi degli affitti! La sensazione che proverai è davvero fantastica, parlo per esperienza personale. Io la vivo ogni mese. Quando la proverai capirai quello che sto dicendo.

Oltre a ciò, a mano a mano che l'attività degli affitti si sviluppa e, quindi acquisti e affitti nuovi immobili, puoi prendere in considerazione l'ipotesi di aprire un conto corrente dedicato esclusivamente a questa attività. Io l'ho fatto, anche perché mi piace essere ordinato nei miei affari.

Prima ho usato il termine "attività" a proposito degli affitti in quanto, non so se ci hai mai pensato, affittare un immobile significa offrire un servizio.

In particolare, il servizio che si offre è quello di poter usufruire di un immobile in cambio di un corrispettivo, dunque gli affitti sono configurabili come una vera e propria attività.

SEGRETO n. 3: affittare immobili è una vera e propria attività in quanto affittare significa offrire un servizio (l'immobile) in cambio di un corrispettivo (il canone di affitto).

A conferma dell'affermazione che gli affitti sono una vera e propria attività c'è il fatto che è possibile costituire una società, magari una SRL, la cui finalità è acquistare immobili e affittarli.

Fare ciò, a mio parere, rappresenta un ottimo modo di investire, in quanto si unisce la solidità degli immobili alla dinamicità del business.

In ogni caso non preoccuparti, non devi per forza aprire una società per far decollare la tua attività degli affitti. Puoi, infatti, affittare i tuoi immobili per tutta la vita come privato e guadagnare comunque tantissimo!

A proposito di investimento, se ancora non lo sai, i ricchi investono proprio in immobili, dunque questa è un'ulteriore conferma del fatto che l'investimento in immobili è un ottimo modo di investire dei soldi.

SEGRETO n. 4: i ricchi investono i loro soldi in immobili e sono ben felici di farlo.

Ci sono intere generazioni che hanno creato dei patrimoni immensi proprio grazie agli immobili e agli affitti che hanno ricevuto per decenni.

Mira a fare anche tu così, in modo che tu possa essere il capostipite di una generazione proprietaria di numerosi immobili e di grandi ricchezze.

Questo è esattamente ciò che fece il mio bisnonno paterno, emigrando negli Stati Uniti all'inizio del 1900 e facendo fortuna. Quando ritornò in Italia, nel suo paese d'origine, acquistò e, in parte, costruì diversi immobili.

Aveva tre figlie (una di queste era mia nonna) e a ciascuna lasciò alcune case, scusate se è poco!

Ogni tanto penso al mio bisnonno e a quello che ha realizzato. Ciò rappresenta per me una grande guida che mi sprona ogni giorno a fare bene come lui.

Peccato che sia morto prima che io nascessi, avrei voluto davvero conoscerlo, anche perché sarabbe stata una bella occasione per scambiare con lui quattro chiacchiere sul meraviglioso mondo degli immobili, sicuramente mi avrebbe potuto insegnare qualcosa!

Dico che mi avrebbe potuto insegnare qualcosa anche perché non penso che negli Stati Uniti abbia fatto così tanti soldi da arrivare a comprare tutti gli immobili che ha comprato. Dunque, probabilmente era davvero bravo di suo in questo campo e aveva le sue strategie!

In ogni caso molto probabilmente il mio bisnonno non conosceva la leva finanziaria (o forse ne aveva inventata una primordiale?) o altri strumenti dei giorni nostri, eppure riuscì a creare un bel patrimonio immobiliare, dando inizio a una generazione proprietaria di immobili. Infatti, tutti i suoi discendenti (a parte qualche componente dell'ultima generazione) sono proprietari di immobili.

Anch'io sono proprietario, anche se non ho ancora ricevuto nulla in eredità o in donazione. Personalmente mi sono dato da fare indipendentemente per creare un mio patrimonio e delle mie rendite.

Ovviamente il giorno che riceverò quanto mi spetta in eredità o in donazione ciò sarà per me una marcia in più per guadagnare in immobili.

Ma non penso a quel giorno, penso al presente, penso a guadagnare ora e penso a come aumentare il mio patrimonio immobiliare giorno dopo giorno. Bene, per farlo ho scelto proprio la strada degli affitti, perché preferisco mantenere il bene (l'immobile) e guadagnare un po' ogni, mese piuttosto che perdere il bene e guadagnare tanto in una sola volta.

SEGRETO n. 5: fai come il mio bisnonno, mira a creare un patrimonio immobiliare immenso per te e i tuoi discendenti.

È comunque fondamentale, come in ogni campo, sapere bene ciò che si fa. Ecco perché nel prossimo capitolo ti parlerò della corretta procedura di affitto, ovvero di come affittare il tuo immobile e di come gestire correttamente il rapporto di locazione, dal suo inizio fino alla sua fine.

Tutto ciò verrà spiegato in maniera molto semplice, ovvero non in maniera tecnica. Ciò nonostante sarai in grado di affittare secondo quanto stabilito dalla legge italiana e gestire l'affitto da vero professionista.

Successivamente, ti svelerò tutti i trucchi e tutti i segreti sull'affitto, che sono il frutto di anni e anni di esperienza sul campo, in modo che tu possa utilizzarli subito in maniera efficace ed efficiente e diventare un vero esperto, guadagnando ancora di più.

Infine, ti rivelerò come fare per crearsi un vero e proprio stipendio mensile automatico e guadagnare 200.000 euro, proprio grazie agli affitti. Il tutto in maniera semplice, automatica e sicura, in modo che tu possa da subito mettere in pratica queste strategie di guadagno.

RIEPILOGO DEL CAPITOLO 1:

- SEGRETO n. 1: negli affitti di immobili l'affitto viene definito locazione, il proprietario locatore e l'inquilino conduttore o locatario.

- SEGRETO n. 2: gli affitti sono un ottimo modo per guadagnare in immobili; più in generale, esistono fondamentalmente due modi per guadagnare in immobili: o guadagni tramite *capital gain*, o guadagni tramite *passive income*.

- SEGRETO n. 3: affittare immobili è una vera e propria attività in quanto affittare significa offrire un servizio (l'immobile) in cambio di un corrispettivo (il canone di affitto).

- SEGRETO n. 4: i ricchi investono i loro soldi in immobili e sono ben felici di farlo.

- SEGRETO n. 5: fai come il mio bisnonno, mira a creare un patrimonio immobiliare immenso per te e le generazioni future.

CAPITOLO 2:

Come avviare una corretta procedura di locazione

Questo capitolo ti insegnerà come affittare correttamente qualsiasi immobile, in modo che tu possa davvero tutelare te e il tuo patrimonio immobiliare, di qualunque grandezza esso sia.

Oltre a ciò, affittare correttamente è importante perché evita incomprensioni con il tuo locatario, che poi potrebbero anche ritorcersi contro di te.

Innanzitutto, ti dico – forse contrariamente a quanto avrai sentito in giro – che è davvero fondamentale stipulare il contratto di locazione, ovvero è importante non affittare in nero.

Non pensare che affittando senza contratto risparmierai le relative tasse da pagare. Questo ragionamento è sbagliato, perché devi mettere in conto anche eventuali problemi che la mancanza del contratto di affitto può comportare.

Inoltre, anche al fine di sviluppare una vera e propria attività legata agli affitti che cresca nel tempo, devi fare tutto in maniera legale, anche perché, con l'aumentare del numero dei tuoi immobili in affitto, aumentano anche le probabilità che possano sorgere dei problemi.

Devi impostare le cose in maniera corretta fin dall'inizio, per essere in grado di fronteggiare nel giusto modo qualsiasi situazione.

Questo è un consiglio che ti invito vivamente a seguire se vuoi evitare problemi e se vuoi fare degli affitti un business serio che possa crescere nel tempo.

SEGRETO n. 6: affittare correttamente è molto importante per tutelare te e il tuo patrimonio e per fare degli affitti un business duraturo e redditizio.

Detto questo, vediamo qual è la corretta procedura per affittare e gestire l'affitto di un qualsiasi tipo di immobile. Nonostante esistano molti tipi di immobili, la procedura di affitto da seguire è praticamente sempre la stessa, fermo restando il fatto che per ciascuna tipologia di immobile esiste un apposito contratto.

Fase 1: la promozione dell'immobile

Prima di tutto devi iniziare a pubblicizzare l'immobile in affitto. Per fare ciò, hai diversi canali: puoi usufruire di Internet, dei giornali locali, dei cartelli in loco e del passaparola.

Pubblicizzare su Internet significa inserire l'annuncio di affitto del tuo immobile in uno dei tanti siti di annunci immobiliari, alcuni dei quali sono specializzati proprio negli affitti.

Personalmente ti consiglio www.subito.it e www.affitto.it perché ho notato che sono quelli più efficaci.

Un'altra risorsa sono i giornali locali. Ogni territorio ha il suo giornale locale composto di annunci gratuiti e, spesso, sono anche molto letti. Cerca di scoprire qual è il più letto (o i più letti) e inserisci il tuo annuncio di affitto.

Altro modo per pubblicizzare l'affitto del tuo immobile sono i cartelli in loco. Sto parlando in pratica dei classici cartelli "Affittasi": comprane uno e compilalo scrivendo le specifiche del tuo immobile e il tuo numero di telefono.

Quindi sistemalo il più vicino possibile al tuo immobile (non dimenticando di scrivere il tuo numero di telefono) e attendi le chiamate.

Infine, pubblicizzare tramite passaparola significa comunicare a parenti, amici e conoscenti che stai affittando il tuo immobile, anche perché magari conoscono già qualcuno che è interessato a prenderlo in affitto.

SEGRETO n. 7: il primo passo per affittare è pubblicizzare il tuo immobile; per farlo usa Internet, i giornali locali, i cartelli in loco e il passaparola.

Fase 2: la trattativa

Una volta che riceverai le numerose chiamate, rispondi alle domande dei potenziali conduttori e fissa degli appuntamenti per far visitare il tuo immobile.

Quando una persona che ha visitato il tuo immobile vuole prenderlo in affitto, potete stipulare il contratto di locazione. Prima di farlo, però, dovete accordarvi su alcuni dettagli preliminari importanti, che possiamo classificare in quattro grandi gruppi:

- canone di affitto;

- durata del contratto;

- mensilità extra;

- spese varie.

Vediamoli nel dettaglio uno a uno, iniziando dal canone di affitto.

Il *canone di affitto*, o canone di locazione, è la somma di denaro che il locatario paga al locatore ogni determinato periodo di tempo (in genere ogni mese) per avere a disposizione l'immobile e, ovviamente, rappresenta il parametro principale su cui mettersi d'accordo.

Nell'ultimo capitolo dell'ebook imparerai delle strategie che ti porteranno a valorizzare il tuo immobile e a ottenere, quindi, un canone di affitto maggiore.

Il secondo parametro su cui mettersi d'accordo preliminarmente è la durata del contratto. La *durata del contratto* dipende fondamentalmente dall'uso che il conduttore farà dell'immobile. Ecco l'elenco dei vari tipi di locazione con accanto la loro durata:

- abitativa: 4 anni + 4 anni rinnovabili automaticamente;
- commerciale: 6 anni + 6 anni rinnovabili automaticamente;
- alberghiera: 9 anni + 9 anni rinnovabili automaticamente.

Queste sono le durate standard per ogni tipo di locazione e quindi, alla fine, c'è poco da accordarsi. Tieni presente, comunque, che in casi particolari è possibile derogare a queste durate, come ad esempio nel caso della locazione abitativa transitoria.

Il terzo parametro su cui mettersi d'accordo in via preliminare sono le *mensilità extra*, che vengono definite *extra* in quanto sono delle mensilità di affitto in più che il conduttore versa al locatore nel momento in cui entra in affitto.

È buona prassi richiedere da 1 a 3 mensilità di affitto come cauzione, e da 1 a 3 mensilità di affitto come mensilità anticipate. Dunque, mettiti d'accordo tenendo presente questi numeri.

Le mensilità di cauzione andranno utilizzate in caso di danni all'immobile, dopodiché dovranno essere ricostituite. Tieni presente, inoltre, che la cauzione è fruttifera, ciò vuol dire che dovrai versare ogni anno al conduttore gli interessi maturati sulla cauzione.

Se, ad esempio, hai affittato l'immobile a 500 euro al mese e il conduttore ti ha dato 2 mensilità come cauzione (1.000 euro), dopo un anno gli devi versare gli interessi maturati su 1.000 euro.

Infine, tieni presente che alla fine del rapporto di affitto le mensilità di cauzione andranno restituite al conduttore se nulla nell'immobile è danneggiato e se il conduttore ha osservato tutti gli obblighi contrattuali.

Per quanto riguarda invece l'altro tipo di mensilità extra che il conduttore ti versa, ovvero le mensilità anticipate, esse andranno scalate dalle ultime mensilità che il conduttore dovrà versarti.

Farsi dare queste mensilità extra (mensilità di cauzione + mensilità anticipate), come avrai intuito, serve fondamentalmente

25

a seguire la legge, a tutelarti e a testare la solidità economica di colui che stai facendo entrare nel tuo immobile.

L'ultimo parametro su cui mettersi d'accordo sono le *spese varie*, che sono quelle che bisogna pagare quando si possiede o si utilizza un immobile. Sono raggrupabili in tre voci:

- spese di condominio;
- bollette delle utenze;
- tasse e imposte.

Le spese di condominio si dividono a loro volta in spese ordinarie e spese straordinarie. Le prime sono le spese di gestione e di manutenzione del condominio, mentre le seconde sono quelle di manutenzione straordinaria e di ristrutturazione del condominio. All'inquilino spettano le spese ordinarie, mentre al proprietario quelle straordinarie.

Per quanto riguarda le utenze (acqua, luce, telefono, gas) è prassi comune che sia l'inquilino a intestarsi le utenze e a pagare le relative bollette, in quanto diretto utilizzatore delle stesse.

Per quanto riguarda infine la voce tasse e imposte, la TARSU (tassa sui rifiuti solidi urbani) spetta all'inquilino, mentre l'ICI (imposta comunale sugli immobili) al proprietario, il quale dovrà anche pagare l'IRPEF (imposta sul reddito delle persone fisiche), ovvero le tasse sull'affitto.

A proposito delle spese varie, ci si può mettere d'accordo con il conduttore stabilendo se la rata di affitto che pagherà è comprensiva di certe spese oppure no.

Ad esempio, ci si può accordare per un canone di affitto di 1.000 euro e le spese di condominio, le spese delle utenze e la TARSU a carico del conduttore, oppure ci si può accordare per un canone di affitto di 1.250 euro comprensivo di spese di condominio, utenze e TARSU, in modo che l'inquilino non debba pagare nient'altro oltre al canone d'affitto.

A te la scelta di cosa preferisci. Per esperienza personale ti dico che, di volta in volta, stringerai accordi diversi, sulla base delle esigenze del tuo conduttore, della durata dell'affitto, del canone e così via.

Tieni infine presente che quanto ti ho appena detto (specialmente a proposito delle tasse e delle imposte) è valido attualmente. In futuro, infatti, la situazione può cambiare. Ad esempio potrebbero esserci nuove imposte, oppure alcune di esse potranno essere sostituite.

SEGRETO n. 8: prima di stipulare il contratto di affitto mettiti d'accordo con il conduttore per quanto riguarda il canone di affitto, la durata del contratto, le mensilità extra e le spese varie.

Fase 3: la stipula del contratto

Una volta che ti sei accordato con il conduttore sui vari parametri preliminari, puoi stipulare il contratto di locazione vero e proprio.

Ti ricordo che le tipologie principali di affitto sono tre: la locazione abitativa (durata 4+4 anni), la locazione commerciale (durata 6+6 anni) e la locazione alberghiera (durata 9+9 anni).

Dunque fissa un appuntamento con il tuo conduttore e, se devi affittare un immobile a uso abitativo (ad esempio una casa), stipula un contratto di locazione abitativa. Se invece devi affittare un immobile a uso professionale, commerciale, artigianale, industriale o turistico (ad esempio un locale) stipula un contratto di locazione commerciale. Se, infine, devi affittare un immobile a uso alberghiero (ad esempio un hotel) stipula un contratto di locazione alberghiera.

SEGRETO n. 9: esistono fondamentalmente tre tipi di locazione: la locazione abitativa (durata 4+4 anni), la locazione commerciale (durata 6+6 anni) e la locazione alberghiera (durata 9+9 anni).

Tieni presente che il contratto di locazione (di qualunque tipo esso sia) è sicuramente il documento più importante di un affitto, perciò è davvero fondamentale che questo "foglio di carta" ti tuteli davvero, specialmente in caso di problemi.

Per esperienza, anche girando su Internet, posso dirti che è molto difficile trovare un contratto di locazione fatto veramente bene e che tuteli al 100% te e l'immobile che dai in affitto, anche se ne trovi uno che all'apparenza ti sembra valido.

Ecco perché nel corso degli anni, con l'aiuto di un legale specializzato, ho creato un set di contratti di affitto che sono perfetti al 100% e che tutelano davvero. Oltre a questi, abbiamo creato anche tutti gli altri moduli per gestire al meglio e in modo corretto il rapporto di affitto, dall'inizio alla fine.

Con questo set di moduli, documenti e contratti potrai affittare il tuo immobile al meglio, tutelandoti davvero e gestendo l'affitto da vero professionista. Per scaricarlo a pagamento direttamente dal mio sito, clicca Pack degli Affitti Immobiliari

SEGRETO n. 10: è molto importante usare un contratto di locazione e dei moduli di affitto ben fatti e che ti tutelino davvero, specialmente in caso di problemi.

Una volta che hai stipulato il contratto di locazione (in triplice copia), nel momento in cui consegni l'immobile al conduttore devi compilare il verbale di consegna (anche questo in triplice copia).

Il verbale di consegna è il documento che ufficializza la consegna del tuo immobile al conduttore e, in pratica, deve contenere la descrizione dello stato dell'immobile, l'inventario dell'arredamento e la data di consegna.

Una volta consegnato l'immobile al conduttore, vai all'Agenzia delle Entrate per registrare il contratto di locazione con allegato il verbale di consegna.

Porta le tre copie del contratto e le tre copie del verbale di consegna e registra il tutto. Una copia (contratto di locazione + verbale di consegna) sarà trattenuta dallo Stato, mentre le altre due ti verranno restituite: una tienila tu e l'altra consegnala al conduttore.

SEGRETO n. 11: dopo aver stipulato il contratto di locazione e compilato il verbale di consegna registra il tutto all'Agenzia delle Entrate.

Fatto! Hai affittato e ora puoi goderti la rendita automatica dell'affitto che ti entrerà ogni mese. Come vedi è piuttosto semplice affittare e, per di più, hai fatto tutto da solo e rispettando la legge, dunque puoi dormire sonni tranquilli.

A questo proposito, ricorda che i ricchi non sfuggono alla legge, ma la utilizzano a loro vantaggio. I ricchi non evadono, semplicemente pagano meno tasse in maniera legale!

Il ruolo di avvocati e commercialisti, quando lavorano per i ricchi, è proprio questo. Come ho già detto altre volte, le leggi sono fatte dai ricchi per i ricchi, e questa ne è un'ulteriore prova. Dunque fai come i ricchi, segui la legge e utilizzala a tuo vantaggio.

Fase 4: il rapporto di locazione
Una volta che hai affittato il tuo immobile, dopo un anno, per legge il contratto di locazione deve essere aggiornato, dunque torna all'Agenzia delle Entrate e rinnovalo.

Oltre a ciò, come prima già ti ho accennato, dopo un anno di affitto devi anche versare al conduttore gli interessi che egli ha maturato sulle mensilità di cauzione.

Infine, dopo un anno devi anche rivalutare il canone di locazione, o in base a quello che c'è scritto nel contratto o in base all'indice ISTAT.

Ad esempio, se il conduttore paga un canone di affitto di 1.000 euro e nel contratto c'è scritto che il canone ogni anno deve essere rivalutato del 3%, il conduttore dal primo mese del secondo anno di affitto dovrà pagarti 1.030 euro. Dopodiché all'inizio, del terzo anno di affitto, il canone dovrà essere nuovamente rivalutato e così via ogni anno.

Devi fare queste tre cose (rinnovare il contratto, versare gli interessi e rivalutare il canone) ogni anno, fino alla fine del rapporto di locazione.

SEGRETO n. 12: ogni anno devi rinnovare il contratto di locazione all'Agenzia delle Entrate, versare al conduttore gli interessi maturati sulla cauzione e rivalutare il canone di affitto: devi fare queste tre cose ogni anno fino alla fine del rapporto di locazione.

Tuttavia, può accadere che il rapporto di locazione termini prima del previsto. Ciò accade quando il conduttore dà disdetta anticipata del contratto di affitto.

Tieni presente, a tale riguardo, che se è vero che il conduttore può dare disdetta anticipata del contratto, è anche vero che non se ne può andare improvvisamente, ma deve comunicare la sua intenzione di andarsene dando un preavviso sulla base di quanto è stabilito dal contratto di locazione.

Ad esempio, per le locazioni commerciali il conduttore deve comunicare al locatore la sua intenzione di disdire anticipatamente il contratto almeno 6 mesi prima di quando effettivamente lascerà l'immobile.

Dunque, nel caso delle locazioni commerciali, il conduttore, da quando comunica la sua intenzione di andarsene, deve pagare regolarmente il canone di affitto per almeno altri 6 mesi.

A proposito di disdette, tieni presente che durante il rapporto di affitto il locatore, ovvero il proprietario, non può disdire anticipatamente il contratto, salvo gravi motivi. Quindi, l'unico che può decidere di disdire anticipatamente il contratto di affitto è il conduttore, naturalmente previo avviso.

In ogni caso, il locatore può decidere di non rinnovare il contratto una volta che questo giunge alla sua scadenza naturale e il conduttore dovrà lasciare l'immobile. Tuttavia il locatore dovrà giustificare il motivo per il quale non vuole rinnovare il contratto, in quanto deve essere una motivazione contemplata dalla legge.

Dunque nel caso di una locazione abitativa, dopo 4 anni il locatore può decidere di non procedere al rinnovo automatico di altri 4 anni di affitto solo se ha un buon motivo, ad esempio perché deve andare ad abitare nell'immobile.

Invece, dalla seconda scadenza in poi (quindi dopo altri 4 anni di affitto nel caso delle locazioni abitative) il locatore potrà decidere di non rinnovare il contratto di affitto anche senza giustificato motivo.

SEGRETO n. 13: il conduttore può decidere di disdire anticipatamente il contratto di locazione dando un certo preavviso, il locatore invece può decidere di interrompere il rapporto di locazione soltanto alla scadenza del contratto.

In ogni caso, una volta che il rapporto di locazione è concluso, devi farti riconsegnare ufficialmente l'immobile compilando, insieme al conduttore, il verbale di riconsegna.

Se il conduttore ha rispettato tutti gli obblighi contrattuali e se nell'immobile nulla è danneggiato (a parte il normale deperimento d'uso), restituisci al conduttore le mensilità di cauzione, altrimenti stabilisci a quanto ammontano i danni e trattieni parte della cauzione per compensarli.

Ovviamente, se i danni sono maggiori della cauzione che detieni, chiedi al conduttore di aggiungere la differenza.

Tieni presente che se il rapporto di locazione è terminato prima della scadenza ufficiale del contratto di affitto, devi andare all'Agenzia delle Entrate e comunicare che quel contratto di affitto non è più valido, ovvero che il contratto si è risolto anticipatamente, al fine di non dover pagare le relative tasse durante la dichiarazione dei redditi.

A questo punto, ora che il tuo immobile è sfitto, rimetti subito l'annuncio di affitto secondo le varie modalità che ti ho suggerito prima e cerca subito un nuovo conduttore!

SEGRETO n. 14: una volta che il rapporto di locazione è concluso, compila il verbale di riconsegna per farti riconsegnare ufficialmente l'immobile, restituisci o meno la cauzione al conduttore e, se il rapporto di locazione è terminato, prima della scadenza del contratto vai all'Agenzia delle Entrate per comunicarlo.

Bene, abbiamo appena visto qual è la procedura corretta per affittare e guadagnare dagli affitti di immobili, ovviamente avendo un immobile di proprietà.

Il bello degli affitti, però, è che puoi comunque guadagnare affittando anche se non possiedi un immobile. Come? Semplice, attraverso il subaffitto.

È possibile prendere in affitto un immobile e poi subaffittarlo a un prezzo maggiore. Ad esempio, prendi in affitto una casa e poi subaffitti le singole stanze. In questo modo, la somma degli affitti delle singole stanze sarà maggiore della somma che tu paghi per l'affitto della casa.

Oppure, ancora meglio, se ne hai la possibilità puoi farti cedere gratuitamente un immobile tramite la formula del comodato d'uso, la quale prevede che tu possa utilizzare un immobile senza dover pagare alcun corrispettivo. In questo modo, tutti i soldi che ricavi dal subaffitto saranno netti e quindi guadagnerai ancora di più!

Tra la procedura di affitto e quella di subaffitto non esistono significative differenze, quindi per subaffittare un immobile puoi seguire la procedura di affitto appena descritta.

SEGRETO n. 15: anche se non sei proprietario di un immobile puoi guadagnare con gli affitti immobiliari attraverso la formula del subaffitto.

Ora che conosci la corretta procedura di affitto, è arrivato il momento di rivelarti tutti i trucchi e tutti i segreti di questa fantastica pratica immobiliare, che ti porteranno ad affittare meglio e più velocemente, perché si tratta di strategie volte a valorizzare il tuo immobile, la tua persona e il rapporto locatore-conduttore.

RIEPILOGO DEL CAPITOLO 2:

- SEGRETO n. 6: affittare correttamente è molto importante per tutelare te e il tuo patrimonio e per fare degli affitti un business duraturo e redditizio.

- SEGRETO n. 7: il primo passo per affittare è pubblicizzare il tuo immobile. Per farlo usa Internet, i giornali locali, i cartelli in loco e il passaparola.

- SEGRETO n. 8: prima di stipulare il contratto di affitto mettiti d'accordo con il conduttore per quanto riguarda il canone di affitto, la durata del contratto, le mensilità extra e le spese varie.

- SEGRETO n. 9: esistono fondamentalmente tre tipi di locazione: la locazione abitativa (durata 4+4 anni), la locazione commerciale (durata 6+6 anni) e la locazione alberghiera (durata 9+9 anni).

- SEGRETO n. 10: è molto importante usare un contratto di locazione e dei moduli di affitto ben fatti e che ti tutelino davvero, specialmente in caso di problemi.

- SEGRETO n. 11: dopo aver stipulato il contratto di locazione e compilato il verbale di consegna registra il tutto all'Agenzia delle Entrate.

- SEGRETO n. 12: ogni anno devi rinnovare il contratto di locazione all'Agenzia delle Entrate, versare al conduttore gli interessi maturati sulla cauzione e rivalutare il canone di affitto: devi fare queste tre cose ogni anno fino alla fine del rapporto di locazione.

- SEGRETO n. 13: il conduttore può decidere di disdire anticipatamente il contratto di locazione dando un certo preavviso, il locatore invece può decidere di interrompere il rapporto di locazione soltanto alla scadenza del contratto.

- SEGRETO n. 14: una volta che il rapporto di locazione è concluso, compila il verbale di riconsegna per farti riconsegnare ufficialmente l'immobile, restituisci o meno la cauzione al conduttore e, se il rapporto di locazione è terminato, prima della scadenza del contratto vai all'Agenzia delle Entrate per comunicarlo.

- SEGRETO n. 15: anche se non sei proprietario di un immobile puoi guadagnare con gli affitti immobiliari attraverso la formula del subaffitto.

CAPITOLO 3:

Trucchi e segreti dell'affitto

È arrivato il momento di approfondire il discorso sugli affitti rivelandoti i trucchi e i segreti del mestiere accumulati in anni e anni di esperienza.

Questi trucchi e segreti, che alla fine sono consigli per affittare meglio, sono gli stessi che utilizzo io quando devo affittare un immobile.

Queste strategie ti daranno una marcia in più e ti faranno affittare il tuo immobile con un canone di affitto maggiore e in maniera più veloce.

Tieni presente che molti di questi consigli valgono anche se devi vendere un immobile, dunque apprenderli avrà per te una doppia valenza.

SEGRETO n. 16: anche gli affitti hanno i loro trucchi e segreti e apprenderli sarà per te molto utile e profittevole.

Consiglio 1

Il primo consiglio che voglio darti riguarda predisporre l'immobile da affittare in maniera normale. Cosa vuol dire predisporre? Significa ad esempio ammobiliare l'immobile con mobili standard (ma non dozzinali), ovvero normali, non con stili particolari.

Ricorda che un immobile arredato o semiarredato si affitta più facilmente di uno non arredato.

Predisporre un immobile in maniera normale può significare anche dare una bella mano di pittura con un colore che la maggior parte delle persone gradisce, quindi non dipingerlo di nero solo perché piace a te. Prendi in considerazione che non tutti sono dark come te!

Ovviamente, tutti i miei immobili sono predisposti in maniera normale o comunque non posseggono caratteristiche "estreme".

SEGRETO n. 17: un immobile predisposto in maniera normale piacerà alla maggior parte delle persone; metti da parte i tuoi gusti personali e fai le cose normalmente.

Consiglio 2

Si collega in parte al primo, perché dopo aver predisposto l'immobile in maniera normale devi dare quel tocco in più. Tieni presente, infatti, che fare le cose normali non significa dover fare le cose in maniera piatta. È una buona idea dotare l'immobile con delle caratteristiche in più, che magari gli altri immobili in affitto non hanno.

Ad esempio, attualmente sto affittando un ufficio acquistato di recente e ho deciso, tra le altre cose, di attrezzarlo con un bel minibar, molto utile per gli ospiti e per chi ci lavorerà, in particolare durante l'estate!

Quindi il minibar, oltre ad essere un servizio in più, serve a regalare, a livello psicologico, quel qualcosa in più, che magari a parità di tutto può fare la differenza tra il mio immobile e un altro senza minibar.

SEGRETO n. 18: dopo aver sistemato il tuo immobile in maniera normale regala quel tocco in più che attirerà i potenziali conduttori.

Consiglio 3

Una volta che hai sistemato l'immobile dovrai scattare delle belle foto. Le foto sono sempre sottovalutate quando si pubblicizza un immobile tramite annuncio, pensa che alcuni neanche le mettono!

Questo è un gravissimo errore. Infatti è di vitale importanza che le foto non solo ci siano, ma anche che siano ben fatte. Insomma, devono valorizzare l'immobile, anche perché un annuncio con delle immagini viene visto in media 7 volte in più rispetto a uno senza.

Il metodo migliore per ottenere delle belle foto è scattarne in numero elevato. Dunque disponiti in varie angolazioni dell'immobile e scattane molte, tanto sono gratis! Ovviamente, devi farlo nelle ore della giornata in cui il tuo immobile risulta essere più luminoso. Poi sceglierai le migliori foto da pubblicare.

Personalmente cerco di fare delle foto da copertina, perché penso davvero siano un elemento vitale della promozione dell'immobile. In genere nell'annuncio pubblico le tre foto migliori.

SEGRETO n. 19: al fine di valorizzare e promuovere il tuo immobile è molto importante scattare e pubblicare delle foto ben fatte.

Consiglio 4

Il quarto consiglio riguarda l'annuncio che pubblicizzerà il tuo immobile. Una volta che hai scattato delle belle foto dovrai anche stilare un adeguato testo di annuncio.

L'annuncio deve descrivere tutte le caratteristiche del tuo immobile, mettendo in risalto quelle più appetibili. Prendi in considerazione tutto, anche la zona e le sue caratteristiche, non scrivere solamente: «Affittasi ufficio 3 stanze in zona centrale».

Questo annuncio non fa sognare affatto il tuo possibile conduttore e non descrive neanche bene il tuo immobile. Ricorda che affitterai se riuscirai a far sognare il tuo conduttore per quello che l'immobile può rappresentare per lui. Ad esempio, un ufficio per il tuo conduttore deve essere un posto dove può produrre e lavorare in santa pace e, quando vuole, rinfrescarsi in bagno e bere qualcosa al minibar. Un posto dove fare soldi e anche una seconda casa, non semplicemente quattro mura.

Questa sensazione è quella che cerco di regalare io nei miei immobili e, all'interno di questo contesto, il testo di annuncio che pubblicizzo è molto importante, perché è uno dei primi elementi che il conduttore associa al mio immobile.

SEGRETO n. 20: al fine di valorizzare il tuo immobile è molto importante fare un bell'annuncio che lo descriva bene e faccia sognare il tuo possibile conduttore.

Consiglio 5

Anche il quinto consiglio riguarda la promozione dell'immobile. Infatti, per pubblicizzare l'affitto del tuo immobile è bene che utilizzi più canali possibili.

In questo modo avrai la statistica dalla tua parte, perché più persone vedranno il tuo immobile, più persone ti chiameranno, e quindi sarà più probabile che tu affitti l'immobile. Io stesso faccio così. Nel corso degli anni ho individuato i canali pubblicitari migliori e ogni volta li utilizzo.

SEGRETO n. 21: l'immobile deve essere pubblicizzato in vari luoghi e modalità, in questo modo incrementerai le tue possibilità di affittarlo.

Consiglio 6

Il sesto consiglio riguarda la visita dell'immobile, in quanto è buona regola farlo visitare nelle ore di massima luminosità, dato che questa è una caratteristica sempre molto apprezzata.

Dunque stabilisci le ore della giornata in cui il tuo immobile è più luminoso e cerca, compatibilmente con i tuoi impegni e con quelli del tuo possibile inquilino, di farlo visitare proprio in queste ore. La luminosità dipende fondamentalmente dall'esposizione dell'immobile. Se è esposto verso est, sarà più luminoso la mattina, se invece è esposto a ovest sarà più luminoso il pomeriggio. L'ideale è che sia esposto sia a est sia a ovest perché ciò significa che è luminoso tutto il giorno.

Anche per quanto riguarda la luminosità, io seguo fermamente questa strategia. L'immobile che sto affittando attualmente risulta più luminoso durante il pomeriggio e quindi cerco di fissare gli appuntamenti proprio in questa parte della giornata, perché così il mio immobile darà una migliore immagine di sè e sarà più facile affittarlo.

SEGRETO n. 22: fai visitare il tuo immobile nelle ore della giornata in cui è più luminoso; la luminosità è una caratteristica sempre molto apprezzata.

Consiglio 7

Il settimo consiglio riguarda gli appuntamenti. Innanzi tutto cerca di non fare accavallare i vari appuntamenti. Non è bello per il tuo possibile conduttore visitare l'immobile dovendo incrociare un'altra persona che potrebbe volerlo in affitto.

Non pensare che questo aumenti l'appeal del tuo immobile,

perché è un meccanismo che ti si può anche ritorcere contro. Stesso discorso vale per la famosa frase: «Ho già tre persone che me lo vorrebbero prendere in affitto». Se dici una frase del genere la risposta naturale che verrebbe da dire sarebbe: «Ah bene, allora lo affitti a uno di loro!»

Tra l'altro, a volte gli appuntamenti possono prolungarsi più del previsto, e quindi rischieresti di liquidare in fretta e furia il possibile conduttore solamente perché fuori ce n'è un altro che sta aspettando di entrare.

Ho sempre cercato di rispettare quanto ti sto dicendo, perché non mi piace mettere in imbarazzo i miei possibili conduttori e voglio dedicare il massimo del tempo a ognuno di loro.

SEGRETO n. 23: non accavallare i vari appuntamenti, i possibili conduttori non si devono vedere fra di loro. Non pensare che questo aumenti l'appeal del tuo immobile.

Consiglio 8

Questo consiglio riguarda la tua persona, ovvero in ogni visita devi sempre presentarti in maniera decorosa, il che significa presentarsi agli appuntamenti sbarbato, pulito, vestito non in maniera trasandata e così via, in modo da trasmettere una buona immagine di sé.

Non fraintendermi, nella tua vita privata puoi "addobbarti" come vuoi, ma quando affitti cerca di essere il più normale possibile. La normalità è sempre una caratteristica apprezzata. E serve anche a comunicare implicitamente che si vuole un inquilino come noi, ovvero normale.

Ovviamente anch'io seguo questa regola. Anche se a me, a volte, piace portare la barba, quando devo andare ad affittare mi rado sempre.

SEGRETO n. 24: è molto importante presentarsi ai nostri possibili conduttori sempre in maniera impeccabile, ovvero curati e ben vestiti.

Consiglio 9

Il nono consiglio riguarda la puntualità: presentati

all'appuntamento puntuale, anzi, meglio se con 5-10 minuti di anticipo. In questo modo potrai controllare che nell'immobile tutto sia in ordine (non si sa mai).

In ogni caso, per il possibile conduttore è sempre piacevole trovare qualcuno pronto ad attenderlo, invece che essere lui a dover attendere. Se invece il conduttore non dovesse essere puntuale, dopo 15 minuti di ritardo chiamalo dicendo che tu sei arrivato e chiedigli a che punto si trova, ovvero se sta arrivando.

A volte affittare significa anche questo, aspettare il tuo potenziale conduttore, e se l'attesa ti sembra noiosa, pensa ai soldi che incasserai dall'affitto e che ti faranno dormire sonni tranquilli. Anche a me è capitato spesso di dover aspettare il conduttore, anche perché cerco di arrivare sempre in anticipo ma, del resto, il gioco vale la candela.

SEGRETO n. 25: agli appuntamenti per far visitare il tuo immobile, presentati sempre puntuale, non fare aspettare i tuoi possibili conduttori.

Consiglio 10

Il decimo consiglio riguarda il tuo immobile, ovvero: fai capire al conduttore che per te dare in affitto il tuo immobile non equivale a disfartene; della serie: «Ecco l'immobile, paga ogni mese e ci rivediamo tra qualche anno!»

Fai capire al conduttore che dare il tuo immobile in affitto è per te offrire un servizio, quindi sarai sempre a sua disposizione e il tuo cellulare sarà sempre acceso.

Sono fermamente convinto di questo e, ogni volta, lo specifico al mio potenziale conduttore. Anche tu devi entrare in quest'ottica di idee, anche al fine di creare un ottimo rapporto locatore-conduttore.

Perché se pretendi (giustamente) che ti versi il canone di affitto, devi anche essere disponibile nei suoi confronti, in caso di problemi o richieste, a patto, ovviamente, che rientrino nel campo della legge.

Basta usare il buon senso per creare e mantenere un civile e ottimo rapporto con il tuo conduttore, che devi considerare come il tuo cliente (anche perché ti paga).

E così, come recita la famosa massima: «Il cliente ha sempre ragione». Perciò ricorda che il tuo conduttore va accontentato, senza ovviamente farti prendere la mano. Segui quello che dicono la legge e il buon senso.

SEGRETO n. 26: dare in affitto un immobile significa offrire un servizio: il conduttore, come il cliente, ha sempre ragione, quindi mostrati disponibile e accontentalo nelle sue richieste, senza però farti prendere la mano.

Consiglio 11

Anche questo riguarda la visita del tuo immobile. A fine visita ti consiglio di lasciare al conduttore un tuo recapito telefonico, magari offrendo il tuo biglietto da visita. Meglio ancora se lasci al conduttore una scheda che sintetizza ed evidenzia al meglio le caratteristiche del tuo immobile.

SEGRETO n. 27: a visita conclusa lascia al conduttore un tuo

biglietto da visita o, meglio ancora, una scheda che sintetizza ed evidenzia al meglio le caratteristiche del tuo immobile.

Consiglio 12

Il dodicesimo consiglio che voglio darti è cercare di capire se il conduttore che stai facendo entrare in affitto sarà affidabile (ovvero ti pagherà) e stabile (ovvero rimarrà a lungo in affitto).

Questi sono due parametri molto importanti, perché non è piacevole né che il conduttore non ti paghi e né che se ne vada e tu ne debba cercare uno nuovo. Inoltre sono condizioni irrinunciabili per fare degli affitti un'attività stabile e remunerativa, che non causi problemi che tu debba risolvere, evitando di farti dormire sonni tranquilli.

Non potrai mai sapere con certezza se l'inquilino ti pagherà e se rimarrà a lungo in affitto, ma ci sono vari indicatori che te lo possono segnalare, aumentando o diminuendo le probabilità a tuo favore. Te ne dico tre su tutti.

Il primo indicatore è l'uso dell'immobile nel senso che, se un immobile viene usato per lavorare, aumentano le probabilità in tuo favore.

Il secondo indicatore è un conduttore referenziato: se il conduttore non è mai stato moroso in passato, aumentano le probabilità in tuo favore.

Il terzo indicatore è il canone di affitto, nel senso che canoni di affitto bassi aumentano le probabilità a tuo favore. Ciò non significa che devi affittare a 500 euro un immobile che puoi affittare a 1.000, ma che, a parità di soldi investiti, è meglio acquistare due immobili che puoi affittare a 500 euro ciascuno, invece che comprarne uno solo che puoi affittare a 1.000.

Tra l'altro avere due immobili piuttosto che uno, diversifica il rischio dell'investimento. Dunque, anche da questo punto di vista è sicuramente meglio.

In ogni caso, al di là degli indicatori specifici, con il tempo il tuo indicatore più prezioso sarà l'esperienza e saprai riconoscere "a naso" i "buoni" dai "cattivi".

Che poi è quello che faccio anch'io: utilizzo principalmente l'esperienza e il buon senso, cercando di dirigermi verso colui che ritengo sia il conduttore migliore.

SEGRETO n. 28: cerca di capire se il conduttore che vuole prendere in affitto il tuo immobile ti pagherà regolarmente e rimarrà a lungo in affitto.

Consigio 13

Il tredicesimo consiglio riguarda il rapporto di affitto. Una volta che hai affittato devi dimostrarti sempre cortese e disponibile nei confronti del conduttore e degli altri inquilini, devi cioè mantenere le promesse fatte durante la prima visita, quando avevi detto che, per te, affittare significa offrire un vero e proprio servizio.

Anche in questo caso credo fermamente in questo consiglio, anche perché sono una persona che mantiene sempre le sue promesse e, ovviamente, lo dimostro con i fatti, non con le parole.

Non mi piacciono i fanfaroni che parlano o, peggio ancora, promettono e basta. Io rifletto, parlo, agisco e mantengo. Fai anche tu così.

SEGRETO n. 29: al fine di instaurare e mantenere un buon rapporto di affitto è molto importante essere gentili e disponibili con il conduttore nei fatti e non solo nelle parole.

Consiglio 14

L'ultimo consiglio è quello di dare sempre "del lei" al conduttore, se possibile. Forse potrà sembrarti un consiglio un po' strano, ma questo eviterà che il conduttore possa farti richieste "da amico".

Per richieste "da amico" intendo, ad esempio, che il conduttore ti chieda di saltare un canone di affitto per dartelo il mese successivo, oppure che ti chieda dei rimborsi parziali per i lavori che ha fatto nell'immobile e così via.

Il concetto di fondo è che quando ci si dà "del tu" certe cose viene più facile chiederle. Ricorda quindi che si può essere gentili e disponibili anche se non ci si dà "del tu". Inoltre, dare "del lei" è sicuramente più elegante e distinto.

A prova di quanto ti sto dicendo sta il fatto che, usando questa strategia, non mi è mai successo che il conduttore mi abbia fatto richieste "da amico".

SEGRETO n. 30: se possibile, dai sempre "del lei" al tuo conduttore, perché questo eviterà che possa farti richieste "da amico".

Ora che conosci tutti i trucchi e segreti per affittare e gestire al meglio il rapporto di locazione, è arrivato il momento di scoprire come guadagnare 200.000 euro proprio grazie all'affitto.

RIEPILOGO DEL CAPITOLO 3:

- SEGRETO n. 16: anche gli affitti hanno i loro trucchi e segreti e apprenderli sarà per te molto utile e profittevole.

- SEGRETO n. 17: un immobile predisposto in maniera normale piacerà alla maggior parte delle persone; metti da parte i tuoi gusti personali e fai le cose normalmente.

- SEGRETO n. 18: dopo aver sistemato il tuo immobile in maniera normale ragala quel tocco in più che attirerà i potenziali conduttori.

- SEGRETO n. 19: al fine di valorizzare il tuo immobile è molto importante scattare e pubblicare delle foto ben fatte.

- SEGRETO n. 20: al fine di valorizzare il tuo immobile è molto importante fare un bell'annuncio che lo descriva bene e faccia sognare il tuo possibile conduttore.

- SEGRETO n. 21: l'immobile deve essere pubblicizzato in vari luoghi e modalità, in questo modo incrementerai le tue possibilità di affittarlo.

- SEGRETO n. 22: fai visitare il tuo immobile nelle ore della giornata in cui è più luminoso la luminosità è una caratteristica sempre molto apprezzata.

- SEGRETO n. 23: non accavallare i vari appuntamenti, i

possibili conduttori non si devono vedere fra di loro. Non pensare che questo aumenti l'appeal del tuo immobile.

- SEGRETO n. 24: è molto importante presentarsi ai nostri possibili conduttori sempre in maniera impeccabile, ovvero curati e ben vestiti.

- SEGRETO n. 25: agli appuntamenti per far visitare il tuo immobile, presentati sempre puntuale, non fare aspettare i tuoi possibili conduttori.

- SEGRETO n. 26: dare in affitto un immobile significa offrire un servizio: il conduttore, come il cliente, ha sempre ragione, quindi mostrati disponibile e accontentalo nelle sue richieste, senza però farti prendere la mano.

- SEGRETO n. 27: a visita conclusa lascia al conduttore un tuo biglietto da visita o meglio ancora una scheda che sintetizza ed evidenzia al meglio le caratteristiche del tuo immobile.

- SEGRETO n. 28: cerca di capire se il conduttore che vuole prendere in affitto il tuo immobile ti pagherà regolarmente e rimarrà a lungo in affitto.

- SEGRETO n. 29: al fine di instaurare e mantenere un buon rapporto di affitto è molto importante essere gentili e disponibili con il conduttore nei fatti e non solo nelle parole.

- SEGRETO n. 30: se possibile, dai sempre "del lei" al tuo conduttore, perché questo eviterà che possa farti richieste "da amico".

CAPITOLO 4:

Come guadagnare 200.000 euro

In questo capitolo stai per scoprire come sia possibile guadagnare oltre 200.000 euro grazie alle entrate automatiche derivanti dagli affitti immobiliari. Vedrai quanto sarà bello vedere i frutti della tua attività automatica. Automatica nel senso vero e proprio del termine perché a volte i bonifici degli affitti ti arriveranno mentre dormi! Dunque non dovrai alzare un dito per incassare quanto dovuto.

Ricorda, comunque, che per fare degli affitti un'attività dove puoi dormire sonni tranquilli, devi impostare le cose bene fin dall'inizio, come ti ho già spiegato precedentemente nell'ebook.

Innanzi tutto ti dico una cosa che molto probabilmente ti sorprenderà. Grazie agli affitti è possibile vivere di rendita. Basta infatti crearsi uno stipendio, ad esempio di 1.200 euro al mese, che è la media nazionale.

Ma come si fa a creare uno stipendio di 1.200 euro al mese? Basta avere o guadagnare 150.000 euro e acquistare uno o più immobili che, locati, rendono il 10% annuo, ovvero 15.000 euro.

E infatti, 15.000 euro diviso 12 mensilità fa esattamente 1.250 euro, un vero e proprio stipendio!

Sei meravigliato di questo? Hai visto com'è facile ottenere uno stipendio quando al giorno d'oggi tutti si lamentano del proprio lavoro (o di quello che non hanno) e accettano stipendi da 500 euro al mese magari lavorando tutto il giorno?

Con gli affitti, quindi, puoi crearti uno stipendio molto dignitoso, ovviamente più soldi hai da investire e più guadagnerai ogni mese. Oltre a ciò, questo stipendio crescerà nel tempo, a differenza di uno stipendio classico che, invece, rimane più o meno lo stesso per tutta la vita.

Ovviamente dovrai guadagnare la cifra da investire, ovvero i 150.000 euro, ma con gli immobili guadagnare cifre del genere non è affatto difficile, anche in breve tempo.

Oppure, se vuoi puoi farti prestare questa cifra ad esempio tramite un mutuo (anche se questa non è l'unica modalità) e pagare la rata del mutuo proprio grazie alle entrate derivanti dai tuoi affitti.

Ad esempio ti fai prestare 150.000 euro, acquisti un immobile, lo affitti e incassi 1.250 euro al mese pagando una rata del mutuo di 1.000 euro.

Quindi per alcuni anni (finché non chiudi il mutuo) guadagnerai solo qualche centinaio di euro, dopo di che, una volta estinto il mutuo, l'affitto che incassi sarà netto, e quindi avrai il tuo bel stipendio di 1.250 euro netti al mese. Anzi avrai di più, perché anno dopo anno il canone di affitto si rivaluta automaticamente!

Hai visto che potenzialità hanno gli affitti immobiliari? Possono regalarti la libertà finanziaria prima e la ricchezza poi. E il tutto in maniera automatica!

SEGRETO n. 31: grazie agli affitti di immobili è possibile crearsi un vero e proprio stipendio mensile automatico.

E ora vediamo il meccanismo che ti fa guadagnare 200.000 euro e che, in parte, si collega a quanto ti ho appena detto.

Supponiamo che acquisti un locale e stipuli un contratto di locazione commerciale 6+6 anni. Il canone di affitto che ti viene pagato è di 1.250 euro al mese, che in un anno sono 15.000 euro.

Il secondo anno il canone di affitto si rivaluta del 3%, come da contratto, e così via ogni anno. Ecco quindi la progressione della tua locazione commerciale con la somma finale degli affitti percepiti:

- 1° anno: 15.000,00 euro;
- 2° anno: 15.450,00 euro;
- 3° anno: 15.913,50 euro;
- 4° anno: 16.390,90 euro;
- 5° anno: 16.882,62 euro;
- 6° anno: 17.389,09 euro;
- 7° anno: 17.910,76 euro;
- 8° anno: 18.448,08 euro;
- 9° anno: 19.001,52 euro;
- 10° Anno: 19.571,56 euro;

- 11° anno: 20.158,70 euro;
- 12° anno: 20.763,46 euro;
- **Totale**: 212.880,19 euro.

Più di 200.000 euro con una semplice locazione commerciale! Capisci ora quali sono le potenzialità degli affitti immobiliari? Anche perché, oltre ad averti fatto guadagnare una barca di soldi ti hanno anche fatto mantenere l'immobile che, nel frattempo, si è pure rivalutato!

E, ovviamente, dopo aver guadagnato oltre 200.000 euro puoi continuare ad affittare il tuo immobile, incassando quindi ogni anno tanti altri soldi in maniera automatica!

SEGRETO n. 32: grazie a una semplice locazione commerciale è possibile guadagnare oltre 200.000 euro in maniera automatica e mantenere l'immobile che, nel corso degli anni, aumenta il suo valore.

Ecco perché gli affitti sono la mia pratica immobiliare preferita e anche il mio modo preferito per guadagnare in immobili!

Una volta che i guadagni iniziano a essere consistenti, puoi utilizzare i soldi guadagnati per acquistare un nuovo immobile da affittare che, quindi, genererà nuovi soldi con i quali potrai acquistare altri immobili da affittare e così via, in un circolo virtuoso che procede all'infinito, come i tuoi guadagni!

Capisci le potenzialità degli affitti di immobili? E come se non bastasse questi meccanismi sono automatici, anche perché per guadagnare non devi rivendere il tuo immobile, cercarne uno nuovo, rivenderlo e così via.

Dopo un paio di anni, grazie agli affitti, ti ritroverai automaticamente con un patrimonio immobiliare immenso e con un *cash flow* che ti allagherà casa!

SEGRETO n. 33: un modo intelligente di investire in immobili è utilizzare i soldi derivanti dagli affitti per acquistare nuovi immobili da mettere a reddito e così via, verso un patrimonio immobiliare e un *cash flow* enormi!

RIEPILOGO DEL CAPITOLO 4:

- SEGRETO n. 31: grazie agli affitti di immobili è possibile crearsi un vero e proprio stipendio mensile automatico.

- SEGRETO n. 32: grazie a una semplice locazione commerciale è possibile guadagnare oltre 200.000 euro in maniera automatica e mantenere l'immobile che, nel corso degli anni, aumenta il suo valore.

- SEGRETO n. 33: un modo intelligente di investire in immobili è utilizzare i soldi derivanti dagli affitti per acquistare nuovi immobili da mettere a reddito e così via, verso un patrimonio immobiliare e un *cash flow* enormi!

Conclusione

Siamo giunti alla fine dell'ebook. Cosa possiamo dire? Che leggendolo hai finalmente imparato come affittare immobili nella maniera corretta e guadagnare ogni mese in modo automatico.

Come hai visto, inoltre, il bello degli affitti è che puoi guadagnare anche se non hai un immobile, attraverso il subaffitto e dunque le potenzialità sono davvero tante.

In ogni caso, i risultati che raggiungerai dipenderanno solamente da te, perciò poniti degli obiettivi realistici e ben definiti e fai di tutto per raggiungerli. Solo così potrai fare degli affitti una vera e propria attività: redditizia, duratura nel tempo e che ti faccia dormire sonni tranquilli.

Se non raggiungi subito i risultati che ti sei prefissato, non scoraggiarti, cerca di capire cosa non funziona e modificalo. Magari rileggiti l'ebook, ogni volta che si legge un libro si scopre sempre qualcosa di nuovo, magari proprio qualcosa che si era sottovalutato.

Ricorda bene, inoltre, che tutti i grandi hanno incontrato delle difficoltà o, peggio ancora, sono andati incontro a dei veri e propri fallimenti. Questo perché nella vita niente è facile, perché ogni cosa è il risultato congiunto della tecnica e della persona che la applica. E questo vale anche per gli affitti immobiliari: questo ebook è la tua tecnica, la persona che la applica devi essere tu.

Oltre ad applicare quanto hai appreso, devi anche formarti giorno dopo giorno, in modo da arricchire le tue conoscenze e competenze, al fine di risolvere meglio certe situazioni e di guadagnare ancora di più.

Per formarti nella maniera migliore, puoi consultare il sito http://www.borsaeimmobili.com che contiene tantissimo materiale formativo (anche gratuito) specialmente per quanto riguarda il campo degli immobili (e quindi anche degli affitti) e della borsa, altro campo della ricchezza che fa guadagnare moltissimi soldi. Nel sito infatti troverai articoli, libri, pacchetti operativi, videocorsi e tanto altro ancora, alcuni dei quali gratuiti, altri a pagamento.

Ti ricordo, infine, che nel sito puoi scaricare a pagamento il Pack degli Affitti Immobiliari. Qui troverai tutti i contratti di locazione, i verbali di consegna e di riconsegna, i moduli per la disdetta e quelli per l'aggiornamento e la modifica della locazione, e tanto altro ancora per affittare e guadagnare, anche se non hai un immobile.

Oltre a ciò, se vuoi approfondire questo argomento o se hai delle domande da pormi, puoi mandarmi una email o contattarmi sulla pagina di Facebook: Giacomo De Carlo.

Spero che questo ebook per te possa diventare l'inizio di un lungo cammino che ti regalerà tantissime soddisfazioni personali, sociali ed economiche, facendoti raggiungere la libertà finanziaria prima e la ricchezza poi.

W gli Affitti!

Giacomo De Carlo